Weihnachten mit Henri Nouwen

Texte für alle Tage der Advents- und Weihnachtszeit

Ausgewählt und herausgegeben
von Franz Johna
Mit Farbfotos von Wolfgang Müller

HERDER
FREIBURG · BASEL · WIEN

Umschlaggestaltung: Finken & Bumiller, Stuttgart
Umschlagmotiv: Mauritus
Bildmotive Innenteil: Wolfgang Müller, Oberried

Herstellung: Clausen & Bosse, Leck 2000
Geruckt auf umweltfreundlichem,
chlor- und säurefrei gebleichtem Papier
ISBN 3-451-27324-1

Zum Geleit

Advent und Weihnachten – mit kaum einem anderen Abschnitt im Jahreskreis verbinden sich gerade heute so vielfältige, unterschiedliche Vorstellungen, Hoffnungen und Gefühle. In kaum einer anderen Zeit bündeln sich so viele Sehnsüchte, Erwartungen und Wünsche der Menschen wie in diesen Wochen am Ende des Kalenders. An den Rand gedrängt jedoch sind der tiefere Sinn von Advent und die eigentliche Botschaft von Weihnachten: *Gottes Liebe ist Mensch geworden*

Von diesem Geheimnis durchdrungen ging es Henri Nouwen – ungeachtet aller Dunkelheiten – stets darum, das Vertrauen auf die Liebe Gottes in seinem Innern immer fester zu verwurzeln und zugleich von ihr in Wort und Tat Zeugnis zu geben. So ist die Liebe Gottes zu jedem Menschen das Grundthema seiner zahlreichen Bücher, und alles, was er einer säkularen Welt einprägen wollte, verdichtet sich in der tiefen Überzeugung: »Du bist ein geliebter Mensch.« Diese Worte »sind Dir zugesprochen mit aller Zärtlichkeit und Kraft, die Liebe nur je haben kann. Mein einziger Wunsch ist, dass diese Worte in jeder Zelle Deines Wesens widerhallen mögen.«

Die aus einer Reihe von Werken Henri Nouwens (vgl. das Quellenverzeichnis) ausgewählten Texte dieses Büchleins wollen ein Anstoß sein, sich dieser Zusage zu öffnen und ihr zu vertrauen. Es geht dabei darum, die Weihnachtsbotschaft und die Weihnachtsfreude nicht nur als schönen äußeren Schein zu verstehen, sondern als inneres Lebensprinzip für sich in Anspruch zu nehmen.

DER HERAUSGEBER

Herr, schickst du mir Schmerzen und Kummer, so gib mir auch die Gnade, sie recht zu tragen und bewahre mich vor Missmut und Selbstsucht. Gibst du mir Gesundheit, Kraft und Erfolg in dieser Welt, so bewahre mich davor, dass sie mich trennen von dir.
Gib, dass ich dich erkenne, an dich glaube, dich liebe und dir diene. Lass mich stets deine Ehre suchen und für dich und in dir leben.

Kardinal Newman

April SA 6.21 SU 20.22
♏ 14° MA 23.03 MU 7.15

Freitag

18

Karfreitag

Rot

Les: Jes 52,13—53,12 / Hebr 4,14-16;5,7-9
Ps 31(30),2 u. 6.12-13.15-16.17 u. 25
Passion nach Johannes
Fast- und Abstinenztag
Aya (Agia), Wikterp (Wigo), Herluka

Christus war für uns gehorsam bis zum Tod, bis zum Tod am Kreuz. (Ruf)

Erste Adventswoche

Heute wurde die Adventszeit eröffnet. Ein großer grüner Kranz mit vier Kerzen, Sinnbild der vier Sonntage vor Weihnachten, ist mitten im Chor aufgehängt worden. Dieser schlichte Schmuck in der sonst so nüchternen Kapelle hat mich tief berührt. Vier Wochen der Erwartung haben begonnen... Sie wollen mein Gespür für jenen großen Tag schärfen, an dem der Herr wiederkommen wird, um alle seine Verheißungen zu erfüllen.

Die adventliche Erwartung ist im Ereignis der Menschwerdung Gottes verankert. Je mehr ich mich von dem, was in der Vergangenheit geschehen ist, anrühren lasse, desto mehr komme ich auch mit dem in Berührung, was noch kommen wird. Das Evangelium erinnert mich nicht nur an das, was einmal war, sondern zugleich an das, was geschehen wird. Wenn ich das erste Kommen Christi betrachte, kann ich die Zeichen seines zweiten Kommens entdecken. Wenn ich meditierend zurückschaue, kann ich hoffnungsvoll in die Zukunft blicken. Durch Reflektieren kann ich projizieren; wenn ich die Erinnerung an Christi Geburt in mir bewahre, kann ich Schritte nach vorn auf sein Reich hin machen. *Stille 173*

Wenn ein Volk nicht in den Verheißungen und Bestrebungen seiner Anfangszeit Anker geworfen hat, ist es in Gefahr, sich treiben zu lassen und die Richtung zu verlieren. Und das trifft nicht nur für ein Volk zu, sondern ebenso für die Kirche. Es scheint, dass echter Fortschritt immer mit einer Auffrischung des kollektiven Gedächtnisses zusammenhängt. Praktisch haben sich alle Reformen in der Kirche und in den Orden der Kirche an einer neuen Wertschätzung der Ideale der Frühkirche und an einer intensiven Auseinandersetzung mit der Vergangenheit entzündet; man wollte diese nicht einfach wiederholen, aber man wollte sich von dort zu einer echten Erneuerung inspirieren lassen. George Santayana hat einmal gesagt: »Wer die Vergangenheit vergisst, ist dazu verurteilt, sie zu wiederholen.«

Ich bete darum, der Advent möge mir Gelegenheit bieten, meine Erinnerung an Gottes Großtaten gründlich aufzufrischen, und mich innerlich so frei machen, dass ich mutig die Vollendung der Zeit durch den, der gekommen ist und immer noch kommt, entgegenblicke. *Stille, 174*

Der erste Adventssonntag war ein herrlicher Tag, und die Liturgie hat mir ständig die große Erwartung zu Bewusstsein gebracht. Ich habe einen wunderbaren lateinischen Versikel vor mich hin gesungen, der immer wieder aus meinem Innern hervorgesprudelt ist: »Rorate, coeli, desuper, et nubes pluant justum – Tauet, ihr Himmel, von oben, ihr Wolken, regnet den Gerechten«; und die eindrucksvolle Antwort: »Aperiatur terra, et germinet Salvatorum – Es öffne sich die Erde und sprosse den Heiland hervor.« Seine inständig flehende Melodie geht mir unablässig durch den Kopf, und ich sehe im Geist, wie der himmlische Tau die Erde bedeckt.

Gottes Gnade ist wirklich wie ein sanfter Morgentau und wie ein weicher Regen, der der ausgedorrten Erde neues Leben schenkt: Bilder der Güte. Tatsächlich besteht meine Berufung darin, immer empfänglicher für den Morgentau zu werden und meine Seele dem Regen zu öffnen, so dass mein innerstes Wesen den Heiland hervorbringen kann.

Stille, 175

Jesus Christus kam in der Fülle der Zeit. Er wird in der Fülle Zeit wiederkommen. »Fülle der Zeit« oder »die Zeit ist erfüllt« (Markusevangelium 1,15) bedeuten in neutestamentlichem Sinn: Die Zeit hat ihr Vollmaß erreicht, kommt zum Abschluss in Jesu Ankunft. Die Zeit der Vorbereitung und Erwartung ist mit seinem Kommen erfüllt: Das Reich Gottes ist da.

Oft erfahren wir unsere Zeit als unerfüllt und leer. Wir hoffen, dass morgen, nächste Woche, nächsten Monat oder nächstes Jahr das eigentlich Wesentliche geschehen wird. Aber manchmal *erfahren* wir die Fülle der Zeit, zum Beispiel dann, wenn die Zeit still zu stehen scheint, wenn Vergangenheit, Gegenwart und Zukunft ineinander fließen, wenn alles in diesem Augenblick und an diesem Ort gegenwärtig ist und Gott, wir und alles, was ist, zu einer vollkommenen Einheit werden. Es ist die Erfahrung der Zeit Gottes. »Als die Zeit erfüllt war, sandte Gott seinen Sohn, geboren von einer Frau« (Galaterbrief 4,4). Und in der Fülle der Zeit wird Gott »in Christus alles vereinen, alles, was im Himmel und auf Erden ist« (Epheserbrief 1,10).

So ist die Fülle der Zeit die Zeit, in der wir Gott begegnen.

Leben, 383

»Aus dem Baumstumpf Isais wächst ein Reis hervor, ein junger Trieb aus seinen Wurzeln bringt Frucht. der Geist des Herrn lässt sich nieder auf ihm ...« (Jesaja 11,1f).

Diese Worte aus der Liturgie von heute sind den ganzen Tag mit mir gegangen. Der Ursprung unseres Heiles ist ganz klein, zart und empfindlich, man kann ihn kaum sehen. Gott, der das All geschaffen hat, kommt in winziger, schwacher und verborgener Gestalt zu un ...

Wenn ich keinen Blick mehr habe für die kleinen, stillen Hinweise auf die Gegenwart Gottes – ein Babylächeln, Kinder, die sorglos spielen, Freunde, die mir Mut machen und ihre Liebe erweisen –, werde ich immer in Versuchung bleiben zu verzweifeln.

Das Kind von Betlehem, der unbekannte junge Mann aus Nazaret, der angefeindete Prediger, der nackte Mann am Kreuz ist es, der meine ganze Aufmerksamkeit verlangt. Das Werk unserer Erlösung vollzieht sich inmitten einer Welt, die unaufhörlich ruft, schreit und uns mit der Flut ihrer Ansprüche und Verheißungen überrollt. Die Verheißung aber liegt in dem Reis verborgen, das aus dem Baumstumpf sprosst, einem Reis, das kaum jemand bemerkt.

Wohin, 94f

Geduldiges Warten auf Gott schließt immer freudige Erwartung mit ein, die Aussicht auf die Er-füllung des Wartens. Ohne Erwartung kann sich unser Warten im Gegenwärtigen verlieren. Warten wir dagegen in Erwartung, ist unser ganzes Sein offen, um von Freude überrascht zu werden.

An verschiedenen Stellen des Evangeliums legt uns Jesus nahe, dass wir nüchtern und wachsam bleiben sollen. Und der Apostel Paulus macht der römischen Christengemeinde deutlich: »Brüder und Schwestern, ... die Stunde ist gekommen, aufzustehen vom Schlaf. Denn jetzt ist das Heil uns näher als zu der Zeit, da wir gläubig wurden. Die Nacht ist vorgerückt, der Tag ist nahe. Darum lasst uns ablegen die Werke der Finsternis und anlegen die Waffen des Lichts« (Römerbrief 13,11f).

Dieses frohe Erwarten des Kommens Gottes bestimmt unser Leben und gibt ihm Spannung. Die Erwartung, dass Gottes Verheißungen an uns in Erfüllung gehen werden, lässt uns aufmerksam auf den Weg achten, auf dem wir gehen *Leben, 354*

Geduldiges Warten in Erwartung fällt mit zunehmenden Lebensjahren nicht leichter. Im Gegenteil: Werden wir älter, unterliegen wir unversehens der Versuchung, dem Einerlei unseres Lebens zu verfallen und zu sagen: »Was soll's, das haben wir doch alles schon gehabt ... Es gibt nichts Neues unter der Sonne ... Ich nehm's, so leicht es geht, und jeden Tag so, wie es kommt.«

Auf diese Weise verliert aber unser Leben jede schöpferische Spannung. Wir erwarten nicht mehr, dass etwas wirklich Neues geschieht, werden zynisch, selbstgenügsam oder einfach langweilig.

Das Alter stellt uns vor die Herausforderung, mit einer immer größeren Geduld und Erwartung zu leben. Es bedeutet, mit einer ungeduldigen Hoffnung zu leben und mit dem Vertrauen, dass wir durch Christus »auch den Zugang zu der Gnade erhalten haben und wir uns unserer Hoffnung rühmen auf die Herrlichkeit Gottes rühmen« (Römerbrief 5,2). *Leben, 355*

Wir mögen unsere Augen schließen, so fest wir können, und wir mögen unsere Hände so fest wie möglich falten: Gott spricht nur, wenn er sprechen möchte. Wenn wir das einsehen, wird es geradezu lachhaft, Gott bedrängen, nötigen und herbeizerren zu wollen. Manchmal verhalten wir uns wie ein Kind, das seine Augen schließt und dabei denkt, es könne auf diese Weise die Welt zum Verschwinden bringen.

Nachdem wir alles getan haben, um Gott etwas Raum zu schaffen, ist es dennoch Gott, der auf seine eigene Initiative hin kommt. Aber wir haben ein Versprechen, auf das wir unsere Hoffnung gründen können: dass er uns seine Liebe schenkt. So kann unser Leben mit Fug und Recht ein Warten in der Hoffnung sein, aber ein geduldiges Warten – und mit einem Lächeln. Dann werden wir tatsächlich überrascht und voll Freude und Dank sein, wenn er kommt.

Stille, 119

Sich in Geduld üben ist schwer. Geduld bedeutet nicht bloß warten, bis etwas eintritt, worauf wir keinen Einfluss haben: die pünktliche Ankunft eines Zuges, die Rückkehr eines Freundes, die Lösung eines Konfliktes. Geduld ist kein passives Abwarten, bis irgend jemand irgend etwas tut. Geduld verlangt, den jetzigen Augenblick voll und ganz zu leben, sich auf diesen Augenblick voll und ganz einzulassen, das Hier und Jetzt auszuschöpfen, dort zu sein, wo wir gerade sind.

Wenn wir ungeduldig sind, versuchen wir, von dort, wo wir gerade sind, zu fliehen. Wir verhalten uns so, als würde das, was wichtig ist, erst morgen, nächste Woche oder irgendwann einmal geschehen.

Üben wir uns in Geduld und vertrauen wir darauf, dass der Schatz, nach dem wir suchen, in dem Boden vergraben ist, auf dem wir stehen.

Hier, 20

DECORIS STRUCTURA MANEBIT SI PERFECTA

ATQUE REGAT SIC
DEUS HOC TUTUM STABILI FUNDAMINE

Unbefleckte Empfängnis Mariens (8. Dez.) – an diesem Hochfest scheint die stille Freude des Advents plötzlich in überschwenglichen Jubel auszubrechen. In Maria ist alle Schönheit des Advents zusammengefasst. Sie ist die Frau, in der das Harren Israels am vollkommensten und reinsten offenbar geworden ist … Offensichtlich gibt es keine bes- sere Zeit für die Feier dieses Festes als die adventlichen Tage. Es ist das Fest der Schönheit derer, die bereit sind, den Herrn zu empfangen. […]

Ich muss an das Deckengemälde der Sixtinischen Kapelle in Rom denken, auf dem Gott seine Hand nach Adam ausstreckt, um ihn ins Leben zu rufen. Wie wunderbar wurde die Menschheit erschaffen! Nun streckt Gott wieder seinen Arm nach ihr aus; und sie wartet auf dieses Angerührtwerden, durch das sie noch wunderbarer wiedererschaffen werden soll. Die Feier dieses festes ist die Vorwegnahme des großen Weihnachtsgeschehens. Es versetzt mich in die Stimmung eines Kindes am Vorabend einer Hochzeit, voller Freude und Erwartung. ich habe schon das Brautkleid gesehen, habe schon den Duft der Blumen gerochen, habe schon das Hochzeitslied gehört. Es gibt keinen Zweifel mehr: Morgen wird es sicher wahr werden, alles ist bereit für die Erfüllung. *Stille, 130*

Das Geheimnis der Gottesnähe kann man durch die tiefe Erfahrung seiner Ferne berühren. Mitten in unserer Sehnsucht nach dem fernen Gott entdecken wir seine Spuren und stellen fest, dass unser Verlangen, Gott zu lieben, aus der Liebe stammt, mit der er uns berührt hat. Im geduldigen Warten auf den Geliebten geht uns auf, wie sehr er unser Leben schon erfüllt hat. Ganz wie die Liebe einer Mutter zu ihrem Kind noch tiefer werden kann, wenn es in weiter Ferne ist, ganz wie Kinder ihre Eltern erst richtig schätzen lernen, wenn sie nicht mehr zu Hause sind, ganz wie Liebende einander während langer Trennungszeiten wiederentdecken können, so kann unser inniges Verhältnis zu Gott durch die läuternde Erfahrung seiner Ferne tiefer und reifer werden.

Wenn wir unserer Sehnsucht Gehör schenken, hören wir Gott, der sie geschaffen hat. Wenn wir unsere Stille ganz in der Tiefe berühren, spüren wir, dass liebevolle Hände uns berührt haben. Wenn wir aufmerksam auf unser unendliches Liebesverlangen achten, wird uns immer deutlich bewusst, dass wir nur lieben können, weil man uns zuerst geliebt hat, und dass wir nur deshalb unser Herz anbieten können, weil wir aus Gottes eigenem tiefstem Herzen stammen.

Weg, 15

Bei meiner Abschiedsfeier in Dayspring bekam ich zwei große, blaue Kerzen geschenkt: die eine für meine Reise, die andere für die Besuche von Haus zu Haus innerhalb unserer Gemeinschaft. Es sind Gebetskerzen, die mich und diejenigen, die mich entsandt haben, daran erinnern sollen, dass wir einer verpflichtet sind.

Wie oft doch meine Kerze brennt! Schreibe ich, so brennt sie, um mir zu helfen, das Schreiben zu einer Art Gebet werden zu lassen. Und bete ich, so brennt sie, als Verbindung mit Freunden zu Haus.

Gemeinschaft ist weitaus mehr, als zusammen zu leben und zu arbeiten. Sie ist eine Herzensverbindung, die keine physischen Grenzen kennt. Gemeinschaft, das bedeutet tatsächlich brennende Kerzen an verschiedenen Orten der Welt, und alle beten dasselbe stille Gebet der Freundschaft und Liebe.

Tagebuch, 54

Zweite Adventswoche

Jesus ist zu uns gekommen, um die Liebe Gottes sichtbar zu machen und sie uns anzubieten. Im Gespräch mit Nikodemus sagt er: »So sehr hat Gott die Welt geliebt, dass er seinen einzigen Sohn hingab ... Gott hat seinen Sohn nicht in die Welt gesandt, damit er die Welt richtet, sondern damit die Welt durch ihn gerettet wird« (Johannesevangelium 3,15f).

In diesen Worten ist der Sinn der Menschwerdung zusammengefasst. Gott ist Mensch, das heißt ein Gott-mit-uns geworden, damit wir erkennen, dass das angstvolle Bemühen um Anerkennung und die Gewalt unter den Menschen aus mangelndem Glauben an die Liebe Gottes entstehen. Wenn wir fest daran glauben würden, dass Gott uns bedingungslos liebt, wäre es nicht mehr nötig, immer wieder nach Wegen zu suchen, von den Menschen bewundert zu werden. Ebenso wenig wäre der Versuch nötig, sich mit Gewalt von den Menschen zu holen, was Gott uns im Überfluss geben will.

Jesus, 83

Weiter sagt Jesus zu Nikodemus: »Obwohl das Licht in die Welt kam, haben die Menschen die Finsternis mehr geliebt als das Licht« (Johannesevangelium 3,19). Ich kann auch in mir diese seltsame Vorliebe für die Finsternis feststellen. Es scheint, als sträubte ich mich, ans Licht zu kommen, und als bliebe ich lieber in meiner selbst gemachten Finsternis.

Jesus bringt das Licht, die Wahrheit und das Leben, das von oben kommt. Er lässt keinen Zweifel daran, dass Gott mich der Finsternis entreißen will. Er will mir in seiner verlässlichen Liebe eine Wohnstatt bieten, festen Boden, auf dem ich stehen, und eine zuverlässige Gegenwart, der ich mich anvertrauen kann. Aber ich muss nach oben schauen statt nach innen und die Gaben mit offenen Armen annehmen, die von dort kommen ...

Im Licht zu leben heißt, freudig zu bekennen, dass alles Gute, Schöne und Lobenswerte Gott gehört.

Nachts, 203f

»Wer ein solches Kind um meinetwillen aufnimmt, der nimmt mich auf; wer aber mich aufnimmt, der nimmt nicht nur mich auf, sondern den, der mich gesandt hat« (Markusevangelium 9,37).

Gestern hat mich auf der Straße ein Bettler angehalten. Er wollte etwas Geld, um sich einen Bissen zu essen zu kaufen. Er rechnete nicht mit einer Reaktion; doch als ich ihm zehn Dollar gab, sprang er auf und sagte: »Dankeschön, ganz, ganz herzlichen Dank!« Er war sehr überrascht über die reiche Gabe; aber mich befiehl plötzlich Traurigkeit. Ich war auf dem Weg zu einer Sitzung, die ich nicht verpassen wollte. Meine Gabe war nur eine Entschuldigung für mein Weitergehen. Ich hatte den Bettler nicht aufgenommen – hatte nur versucht, vor mir selbst freigebig zu sein. Meine »Freigebigkeit« zeigte mir, wie sehr ich mich dagegen sträubte, das »kleine Kind« aufzunehmen. Um ein »kleines Kind« aufzunehmen, muss ich selbst klein werden. [...]

Nachts, 228f

Was ist denn Besonderes an einem kleinen Kind? Ein kleines Kind muss nichts geleistet, nichts vorzuweisen haben, worauf man stolz sein könnte. Ein Kind braucht nur die Liebe anzunehmen, die man ihm schenken will. Jesus möchte, dass wir die Liebe annehmen, die er uns anbietet. Er wünscht nichts sehnlicher, als dass wir uns von ihm lieben lassen und uns dieser Liebe freuen.

Das fällt uns so schwer, weil wir immer meinen, wir müssten die Liebe, die man uns erweisen will, verdienen. Aber Jesus will uns seine Liebe nicht erweisen, weil wir sie verdient haben, sondern weil er beschlossen hat, uns unabhängig von irgendwelcher Leistung unsererseits zu lieben. Unsere eigene Liebe zueinander sollte dieser »Vorausliebe« entspringen, die uns unverdient geschenkt ist.

Nachts, 228f. 232

»Der Anfänger hat nicht die Meinung: ›Ich habe etwas erreicht.‹ Alle Gedanken, die um uns selbst kreisen, beschränken die Weite unseres Geistes. Wenn wir nicht an das Erreicht-Haben und nicht an uns selbst denken, dann sind wir wahre Anfänger. Dann können wir wirklich etwas lernen. Die Gesinnung des Anfängers ist die Gesinnung des Mitgefühls. Wenn unser Geist von Mitgefühl erfüllt ist, ist er grenzenlos« (S. Suzuki).

Diese Worte gefallen mir. Sie sind auch sehr bedeutsam für den Advent. Offen sein, frei, beweglich und empfänglich: Das ist die Haltung, die uns bereit macht. Ich sehe, dass man im Zen nichts und niemanden erwartet. Dennoch habe ich den Eindruck, dass alles, was Shunryu Suzuki seinen Schülern sagt, auch für Christen zu hören und zu verwirklichen wichtig ist. Ist nicht die Gesinnung des Anfängers, die Gesinnung ohne den Gedanken »Ich habe etwas erreicht«, genau die Gesinnung, die für die Gnade offen ist? [...] Ist nicht das die Gesinnung, die sich von Sorgen um den morgigen Tag beschweren lässt, sondern bereit und wach für den gegenwärtigen Augenblick ist? Wenn man Shunryu Suzuki liest, ist es, als höre man von weit her Klänge, die im Innersten der Seele widerhallen.

Stille, 178

Jesus ist gekommen, um Bindungen zu stiften, und in, mit und durch Jesus zu leben heißt, diese Bindungen in mir festzustellen und anderen zu zeigen ... Es gibt Bindungen zwischen Mensch und Tier, zwischen Mensch und Erde und zwischen den Menschen und der Schöpfung insgesamt ... Wo immer wir eine Bindung, ein Verbundensein spüren, da ist Jesus. Es ist gekommen, um uns einzuladen, mit ihm den Herzensbund einzugehen, der zwischen ihm und dem Vater besteht. Er ist das Band, das Ursprung und Ziel jeglicher Bindung ist. Die ganze Schöpfung ist berufen zur Einheit mit Gott ...

Wie man eine ganze Welt der Schönheit in einer einzigen Blume entdecken kann, so kann man auch die mächtige Gnade Gottes in einem einzigen kleinen Augenblick erleben. Man muss keine großen Reisen machen, um die Schönheit der Schöpfung zu sehen, und ebenso braucht es keine großen Ekstasen, um die Liebe Gottes zu entdecken. Aber man muss still sein und warten, um zu begreifen, dass Gott nicht im Erdbeben und nicht im Sturm oder Blitz ist, sondern in der sanften Brise, mit der er uns von hinten anrührt

Nachts, 188f; Stille, 90f

2. ADVENTSWOCHE

MITTWOCH

In einem Leben ohne einen einsamen Ort, das heißt, in einem Leben ohne einen stillen Mittelpunkt wird leicht eine zerstörerische Kraft wirksam. Wenn wir uns an die Ergebnisse unserer Taten klammern, weil sie unser ganzes Selbstbewusstsein ausmachen, werden wir besitzgierig und schlagen nach allen Seiten um uns.

In der Einsamkeit können wir nach und nach entlarven, welche Illusion unsere Besitzgier darstellt, und wir können im Mittelpunkt unseres eigenen Wesens entdecken, dass wir nicht das sind, was wir erkämpfen, sondern das, was uns geschenkt wird. In der Einsamkeit können wir auf die Stimme dessen hören, der zu uns gesprochen hat, noch ehe wir imstande waren, ein einziges Wort zu sprechen; der uns geheilt hat, noch ehe wir Anstalten machen konnten, jemandem zu helfen; der uns frei gesetzt hat, lange bevor wir andere befreien konnten, und der uns geliebt hat, lange bevor wir fähig waren, irgend jemanden zu lieben.

Diese Einsamkeit ist der Ort, an dem wir entdecken können, dass Sein wichtiger ist als Haben und dass wir mehr wert sind als all das, was auf der Schautafel unserer Erfolge aufleuchtet.

Eintauchen, 12f

In der Einsamkeit entdecken wir, dass unser Leben nicht ein Besitztum ist, das wir verteidigen müssen, sondern ein Geschenk, das wir mit anderen teilen dürfen.

Dabei geht uns dann auf, dass die heilenden Worte, die wir sprechen, nicht von uns selbst stammen, sondern uns geschenkt werden; dass die Liebe, die wir andere spüren lassen, Anteil an einer größeren Liebe ist; und dass das neue Leben, das wir hervorbringen, nicht ein Eigentum ist, an das wir uns klammern müssen, sondern ebenso ein Geschenk, für das wir die Hände offen halten dürfen.

Eintauchen, 13

Je älter ich werde, desto mehr entdecke ich, dass mein größtes Geschenk, das ich anzubieten habe, meine eigene Freude am Leben ist, mein eigener innerer Friede, mein eigenes Schweigen und meine Einsamkeit, mein eigenes Gefühl, mich wohl zu befinden.

Wenn ich mich selbst frage: »Wer hilft mir am meisten?«, dann muss ich zur Antwort geben: »Der Mensch, der bereit ist, sein Leben mit mir zu teilen.«

Es ist hilfreich, zwischen Talenten und Gaben zu unterscheiden. Wichtiger als unsere Talente sind unsere Gaben. Wir haben nur wenige Talente, aber wir haben viele Gaben. Unsere Gaben – das sind die vielfältigen Weisen, wie wir unser Menschsein zum Ausdruck bringen. Sie sind Bestandteil dessen, was wir sind: Freundschaft, Liebenswürdigkeit, Geduld, Freude, Friede, Verzeihen-Können, Güte, Liebe, Hoffnung, Vertrauen und vieles andere. Das sind die eigentlichen Gaben, die wir einander schenken können *Du bist, 98*

Annehmen fällt oft schwerer als geben. Geben ist sehr wichtig: Einsicht geben, Hoffnung geben, Trost geben, Halt geben, Rat geben, Unterstützung geben, finanzielle Hilfe geben, vor allem uns selbst geben. Ohne Geben gibt es keine Brüder- und Geschwisterlichkeit.

Doch Annehmen ist ebenso wichtig, weil wir durch das Annehmen dem Geber deutlich machen, dass er ein Geschenk anzubieten hat. Sagen wir »Vielen Dank! Du hast mir Hoffnung gegeben«, so machen wir dem Geber bewusst, wie wertvoll uns seine Gabe ist. Es genügt oft schon ein Blick dessen, der empfangen hat, aus dem ein Gebender erkennt, dass es ein Geschenk war, das er überreicht hat ...

Etwas anzunehmen ist eine Kunst. Sie bedeutet, einem anderen zu gestatten, Teil unseres Lebens zu werden und sich von einem anderen abhängig zu machen. Nur aus einem Gefühl inneren Friedens heraus können wir sagen: »Ohne dich wäre ich nicht der, der ich bin.« Etwas annehmen zu können ist somit ein Zeichen von Demut und Liebe. Viele Menschen fühlen sich tief verletzt, wenn sie ein Geschenk machten, das nicht richtig angenommen wurde.

Lasst uns Menschen sein, die von Herzen annehmen können! *Leben, 112f*

Ist es nicht ein wunderbares Geheimnis? Unsere größte Erfüllung besteht darin, uns selbst an andere zu verschenken. Oft mag es zwar so aussehen, als würden Menschen nur etwas hergeben, um dafür etwas zu bekommen; aber dennoch glaube ich, dass es jenseits aller unserer Süchte nach Wertschätzung, Lohn und Anerkennung auch die einfache und reine Sehnsucht gibt, etwas hergeben zu können.

Ich erinnere mich daran, wie ich in Holland Stunden damit verbracht habe, in den Läden nach einem Weihnachtsgeschenk für meinen Vater oder meine Mutter zu suchen, und wie ich dabei ganz von Freude beseelt war, ihnen etwas schenken zu können. Unser Menschsein entfaltet seine wirkliche Blüte erst im Geben.

Geben wir das, was wir geben können: ein Lächeln, einen Händedruck, einen Kuss, eine Umarmung, ein gutes Wort, ein Geschenk, ein Stück unseres Lebens ... unser ganzes Leben.

Das Wenige, was wir verschenken, vermehrt sich. Das ist Gottes Stil. Er ist auch uns als Lebensstil aufgegeben. Das bisschen Liebe, das bisschen Wissen, das bisschen Erfahrung, die paar Dinge, die wir besitzen, sind uns als Gaben Gottes zum Verschenken gegeben, die sich alle vermehren beim Weiterschenken.

Du bist, 92; Nachts, 208

Dritte Adventswoche

Heute ist der Sonntag »Gaudete«, ein Sonntag der Freude. Als Eingangslied der Liturgie haben wir die Worte des hl. Paulus gesungen: »Freuet euch! Noch einmal sage ich: Freuet euch! Der Herr ist nahe!«

Abt John Eudes hat uns eine wunderbare Betrachtung über diese Vorfreude gehalten. Wir freuen uns jetzt schon, weil wir wissen, dass der Herr kommen wird. Unsere Erwartung führt zur Freude, und unsere Freude weckt in uns den Wunsch, andere damit zu beschenken. Echte Freude will immer teilen. Es gehört zur Natur der Freude, sich anderen mitzuteilen und andere einladen zu wollen, dass sie an den Geschenken teilnehmen, die wir empfangen haben.

Der Advent ist wirklich eine Zeit frohen Wartens und frohen Schenkens ... Die Zeit vor Weihnachten hat dieses erstaunliche Gepräge der Freude, das anscheinend nicht nur die Christen anrührt, sondern alle, die in unserer Gesellschaft leben.

Stille, 186f

Aber der Advent ist nicht nur eine Zeit der Freude. Er ist auch die Zeit, in der sich die Vereinsamten noch einsamer fühlen als zu anderen Zeiten des Jahres. In dieser Zeit unternehmen viele Menschen Selbstmordversuche, oder sie werden mit ernsten Depressionen ins Krankenhaus eingeliefert. Menschen, die Hoffnung haben, empfinden große Freude und möchten andere beschenken. Menschen, die keine Hoffnung haben, fühlen sich niedergedrückter denn je und werden oft voll Verzweiflung auf sich selbst zurückgeworfen.

Wenn man von einer liebevollen, hilfsbereiten Gemeinschaft umgeben ist, scheinen Advent und Weihnachten reine Freude zu sein. Aber ich will auch nicht meine einsamen Augenblicke vergessen; denn es bedarf nur eines geringen Anstoßes, und diese Einsamkeit ist wieder da. Wenn ich fähig bin, mich in der Zeit der Freude an die Einsamkeit zu erinnern, werde ich in Zukunft wohl auch imstande sein, mich in der Zeit der Einsamkeit an die Freude zu erinnern, und so werde ich stärker sein, sie auszuhalten, und werde auch anderen dabei helfen können.

Stille, 187

Freude ist ein wesentlicher Bestandteil des geistlichen Lebens. Was wir über Gott auch denken oder sagen mögen: Alle Gedanken und Worte werden keine Früchte tragen, wenn wir nicht von Freude erfüllt sind. Jesus offenbart uns Gottes Liebe, so dass seine Freude unsere Freude und dadurch vollkommen werden kann. Freude ist die Erfahrung und Gewissheit, dass wir bedingungslos geliebt werden und nichts – weder Krankheit, Versagen, innere Not, Unterdrückung, Krieg, ja nicht einmal der Tod – uns diese Liebe rauben kann.

Freude ist nicht dasselbe wie glücklich sein. Wir können über vieles unglücklich sein und können dennoch Freude haben, weil sie dem Wissen um Gottes Liebe zu uns entspringt. Wir sind geneigt zu glauben, uns nicht freuen zu können, wenn wir traurig sind. Doch im Leben eines Menschen, für den Gott der Mittelpunkt ist, kann es Schmerz und Freude nebeneinander geben. Das mag nicht ganz einfach zu verstehen sein; doch denken wir an die eine oder andere unserer tiefsten Lebenserfahrungen, wie das Erleben der Geburt eines Kindes oder des Todes eines Freundes, da sind großer Schmerz und große Freude oft Teile einer Erfahrung. Da entdecken wir die Freude mitten im Schmerz.

Was mir, 24

Die schmerzlichsten Abschnitte in meinem Leben sind mir als Zeiten in Erinnerung geblieben, in denen ich mir einer geistlichen Wirklichkeit bewusst wurde, die viel größer ist als ich selbst, einer Wirklichkeit, die mich den Schmerz mit Hoffnung ertragen ließ. Ich wage sogar zu sagen: Meine Trauer war der Ort, an dem ich meine Freude fand.

Doch nichts geschieht im geistlichen Leben von selbst. Freude widerfährt uns nicht einfach. Wir müssen uns für die Freude entscheiden und sie jeden Tag aufs neue wählen. *Was mir, 24f*

Freude und Hoffnung lassen sich nicht trennen. Ich habe noch niemals einen von Hoffnung erfüllten Menschen getroffen, der bedrückt war, oder einen frohen Menschen, der die Hoffnung aufgegeben hatte. Aber Hoffnung ist etwas anderes, als Wünsche haben, und etwas anderes, als glücklich sein. Wünsche und glücklich sein beziehen sich im allgemeinen auf Dinge oder Ereignisse. Wir wünschen uns, dass das Wetter schön wird oder der Krieg bald zu Ende geht. Viele wünschen sich einen neuen Job, ein höheres Gehalt oder eine Eigentumswohnung. Und haben wir erreicht, was wir uns gewünscht haben, sind wir – jedenfalls für kurze Zeit – glücklich.

Hoffnung und Freude sind geistliche Gaben, die aus einer inneren Beziehung zu dem hervorgehen, der uns in nie endender Liebe liebt und uns immer die Treue hält. Wir dürfen also auf Gott hoffen und uns seiner Gegenwart erfreuen, auch wenn unsere vielen Wünsche nicht in Erfüllung gehen und wir über die Bedingungen unseres Lebens nicht sehr glücklich sind. *Was mir, 33*

Einige der hoffnungsvollsten und freudigsten Augenblicke meines Lebens waren Momente großen seelischen und körperlichen Schmerzes. Gerade dann, wenn ich Zurückweisung erfuhr oder mich verlassen fühlte, wurde ich »ermutigt«, zu Gott zu rufen: »Du bist meine einzige Hoffnung, du bist die Quelle meiner Freude.«

Wenn ich mich auf meine gewöhnlichen Stützen nicht mehr verlassen konnte, entdeckte ich, dass wirklicher Halt und wirkliche Sicherheit weit jenseits der Strukturen unserer Welt liegen.

Oft müssen wir die Entdeckung machen, dass das, was wir als Hoffnung oder Freude ansahen, kaum mehr als recht egoistische Wünsche nach Erfolg und Belohnung waren. So schmerzlich auch diese Entdeckung sein mag, kann sie uns doch in die Arme dessen führen, der die wahre Quelle all unserer Freude und Hoffnung ist. *Was mir, 34*

Es mag seltsam klingen, wenn ich sage, dass Freude das Ergebnis unserer Wahl ist. Wir stellen uns oft vor, dass manche Leute glücklicher sind als andere und dass deren Freude von den Begleitumständen ihres Lebens – die man nie in der Hand hat – abhängt.

Doch wir können wählen, nicht so sehr, was die Umstände unseres Lebens betrifft, sondern die Art und Weise, in der wir auf diese Umstände reagieren. Zwei Menschen kann ein und dasselbe Unglück treffen: Für den einen wird es zum Grund der Empörung und Verbitterung, für den anderen zum Anlass der Dankbarkeit. Die äußeren Umstände sind dieselben, aber das Reagieren auf sie ist völlig verschieden. Manche Leute macht das Älterwerden boshaft und missmutig, andere werden gelassen und gelöst, und sie entdecken den Humor der Lebensjahre. Dies bedeutet, dass eine unterschiedliche Wahl getroffen wurde: eine innere Wahl, eine Wahl des Herzens. *Was mir, 25*

Es ist wichtig, sich bewusst zu machen, dass jeder Augenblick unseres Lebens eine Gelegenheit bietet, die Freude zu wählen. Das Leben hat viele Seiten. Immer gibt es eine schmerzliche und eine freudige Seite der Wirklichkeit, in der wir leben. So haben wir auch immer die Wahl, den jeweiligen Augenblick als Grund zum Verdruss oder als Anlass zur Freude zu erleben. In dieser Wahl liegt unsere wahre Freiheit. Und diese Freiheit ist im Grunde die Freiheit zu lieben.

Wir sollten uns dabei fragen, wie sich unsere Fähigkeit, die Freude zu wählen, entwickeln und entfalten lässt. So könnten wir am Ende eines jeden Tages einen Augenblick innehalten und uns entschließen, diesen Tag, was er auch immer gebracht haben mag, als einen Tag in Erinnerung zu halten, für den wir dankbar sind. Dadurch stärken wir die Fähigkeit unsres Herzens, die Freude zu wählen. Und indem unser Herz immer mehr Freude findet, werden wir, ohne dass wir uns darum besonders mühen müssten, zum Anlass der Freude für andere. Genauso wie Traurigkeit neue Traurigkeit hervorbringt, weckt Freude neue Freude.

Was mir, 25f

Freude ist ansteckend, wie Kummer und Sorgen auch. Ich habe einen Freund, der Freude ausstrahlt, nicht weil ihm ein angenehmes Leben vergönnt wäre, sondern weil er mitten in allem menschlichen Leid – in seinem eigen wie im Leid anderer – gewöhnlich Gottes Gegenwart erkennt. Wohin er auch geht und wem er auch begegnet, überall und bei allem gelingt es ihm, etwas Gutes zu sehen und zu hören, etwas, wofür man dankbar sein kann.

Er übersieht nicht das viele Leid, das ihn umgibt, und verschließt nicht vor der Marter und dem Klagen seiner Mitmenschen Augen und Ohren, vielmehr wird sein Sinn vom Licht in der Dunkelheit und den Gebeten inmitten der Verzweiflungsschreie instinktiv angezogen. Er ist durchaus nicht sentimental, sondern ganz und gar Realist. Doch sein tiefer Glaube gibt ihm die Gewissheit, dass Hoffnung realistischer ist als Verzweiflung, Glaube realistischer als Misstrauen und Liebe realistischer als Furcht. Dieser geistliche Realismus macht ihn zu einem von Freude erfüllten Menschen.

Was mir, 26f

Sooft ich diesem Freund begegne, reizt es mich, ihn auf die Kriege zwischen den Völkern hinzuweisen, auf die hungernden Kinder in der Welt, auf die Korruption in der Politik und den Betrug unter den Menschen, um so zu versuchen, ihn mit der menschlichen Gebrochenheit zu beeindrucken. Aber dann schaut er mich freundlich und betroffen an und sagt. »Ich sah einmal zwei Jungen, die ein Stück Brot miteinander teilten, und hörte eine Frau mit strahlendem Gesicht ›Vielen Dank‹ sagen, als ihr jemand eine Decke über die Schultern legte. Diese einfachen armen Leute gaben mir neuen Mut für mein Leben.«

Die Freude meines Freundes ist ansteckend. Je öfter ich mit ihm zusammen bin, desto mehr Sonnenstrahlen ich zwischen den dunklen Wolken am Himmel sehe. Ja, ich weiß, dass hinter einer noch so dicken Wolkendecke die Sonne scheint. Während mein Freund immer wieder von der Sonne sprach, schaute ich nur auf die Wolken, bis mir eines Tages aufging, dass es die Sonne ist, die mich die Wolken erst sehen lässt.

Menschen, die von der Sonne sprechen, während sie unter wolkenverhangenem Himmel ihren Weg gehen, sind Boten der Hoffnung, wahre Heilige unserer Tage.

Was mir, 27

Geld und Erfolg allein können uns nicht froh machen. Tatsächlich gibt es viele wohlhabende und erfolgreiche Leute, die auch Angst plagt und die niedergedrückt sind. Demgegenüber gibt es viele, die trotz ärmster Verhältnisse gern lachen und oft sehr froh sind.

Freude und Lachen sind Geschenke eines Lebens in der Gegenwart Gottes und im Vertrauen darauf, dass es nicht viel nützt, sich um das Morgen zu sorgen. So wie in der kleinen Geschichte von dem Touristen, der zu seinem Begleiter sagte: »Die Leute in Ihrem Land sind arm. Doch sie scheinen sich nie Sorgen im voraus zu machen.« Darauf erwiderte der andere: »Das liegt sicherlich daran, dass sie nie auf die Uhr schauen.«

Wo genug Zeit ist, kann das Leben gefeiert werden. Es gibt selbstverständlich keinen Grund, Armut zu romantisieren; doch wenn ich sehe, welche Sorgen und Ängste die vielen plagen, die alle guten Dinge besitzen, die diese Welt zu bieten hat, dann kann ich das Wort Jesu gut verstehen: »Wie schwer ist es für Menschen, die viel besitzen, in das Reich Gottes zu kommen!« (Lukasevangelium 18,34).

Was mir, 29f

Geld und Erfolg sind nicht das Problem; das Problem ist der Mangel an freier, offen gehaltener Zeit, in der Gott erfahrbar werden und das Leben in seiner klaren Schönheit und Gutheit aufleuchten kann. Kinder, die miteinander spielen, zeigen uns, welche Freude das bloße Zusammensein bereiten kann.

Als ich einmal mit einer Künstlerin, deren Werke ich sehr bewundere, ein Gespräch führte, kam ihre fünf Jahre alte Tochter zu mir und sagte: »Ich habe einen Geburtstagskuchen aus Sand gebacken. Du musst jetzt kommen und so tun, als würdest du ihn essen. Und dann musst du mir sagen, dass dir der Kuchen schmeckt. Das wird lustig!« Die Mutter lachte und sagte zu mir: »Sie sollten lieber mit meiner Tochter spielen, bevor Sie mit ihr sprechen. Vielleicht hat sie Ihnen mehr zu sagen als ich.«

Die einfach Freude eines Kindes erinnert mich daran, dass Gott die Orte sucht, an denen gelacht und gelächelt wird. Lächeln und Lachen öffnen die Türen zum Himmelreich. Darum ruft uns Jesus auf, wie die Kinder zu werden (vgl. Matthäusevangelium 18,3). *Was mir, 30*

Es ist für mich eine verblüffende Erfahrung, Tag für Tag auf den radikalen Unterschied zwischen zynischem Pessimismus und Freude zu stoßen. Überall, wo sie gehen und stehen, sind Pessimisten geradezu auf der Suche nach Dunkelheit und finsteren Machenschaften. Sie sehen unentwegt drohende Gefahren, unlautere Motive und geheime böse Pläne. Sie nennen Vertrauen naiv, Fürsorglichkeit romantisch und Vergebung sentimental. Sie grinsen über Begeisterung, verhöhnen religiösen Eifer und verachten charismatisches Verhalten. Sich selbst betrachten sie als Realisten, die nur das als Realität anerkennen, was sie selbst dafür halten, und die sich nicht täuschen lassen durch gefühlsmäßige Anwandlungen, wie sie sagen; das seien nichts anderes als Fluchtversuche vor der Realität. Aber dadurch, dass ihre Finsternis Gottes Freude heruntermacht, ruft sie nur noch mehr Finsternis hervor.

Bild, 138f

Menschen, die Gottes Freude kennen gelernt haben, leugnen nicht die Finsternis; aber sie wollen nicht darin leben. Sie sagen aus eigener Erfahrung: Dem Licht, das in der Finsternis leuchtet, könne mehr vertraut werden als der Finsternis, und eine Spur von Licht könne eine Menge Dunkelheit vertreiben. Sie zeigen einander, wo hier und dort Licht aufleuchtet, und erinnern einander daran, die verborgene, aber wirkliche Gegenwart Gottes aufscheinen zu lassen. Sie entdecken, dass es Menschen gibt, die einander gegenseitig Wunden heilen, die einander Verfehlungen verzeihen. Die ihr Hab und Gut teilen, die Gemeinschaften bilden, die empfangenen Gaben feiern und in Erwartung der vollen Offenbarung von Gottes Herrlichkeit leben.

In jedem Augenblick des Tages habe ich die Möglichkeit, zwischen Pessimismus und Freude zu wählen. Jeder Gedanke, den ich denke, jedes Wort, das spreche, jedes Tun können von Freude oder von Pessimismus erfüllt sein. Mehr und mehr wird mir bewusst, dass jede Entscheidung für die Freude mehr Freude bringt und mehr Grund bietet, das Leben zu einem wirklichen Fest im Haus des Vaters zu machen. *Bild, 139*

Vierte Adventswoche

Ich las den Stammbaum Jesu Christi, wie Matthäus ihn im ersten Kapitel seines Evangeliums wiedergibt – die vielen Namen von Abraham bis Jesus sind sicher nicht die Namen von Heiligen. Sie sind Namen von Männern und Frauen, die schwer mit den Mächten des Bösen gerungen haben, hier und da mit mehr Erfolg als andere, und die Liebe, Hass, Freud und Leid, Lohn und Strafe erfahren haben wie wir auch. Das sind die Frauen und Männer, die die Geschichte ausmachen, in die auch Gott eingehen wollte …

Gott ist zu uns gekommen, weil er sich uns auf unserem Weg anschließen wollte, weil er unsere Geschichte hören und uns zu der Einsicht verhelfen wollte, dass wir nicht im Kreis laufen, sondern uns auf das Haus des Friedens und der Freude hinbewegen.

Das ist das Weihnachtsgeheimnis, das uns immer noch Trost und Zuversicht gibt: Wir sind auf unserer Lebensreise nicht allein. Der Gott der Liebe, der uns das Leben geschenkt hat, hat uns seinen Sohn gesandt, damit er zu jeder Zeit und an jedem Ort bei uns sei und wir uns bei unseren Kämpfen nie im Stich gelassen zu fühlen brauchen, sondern immer darauf vertrauen können, dass er unser Wegbegleiter ist. *Wohin, 119f*

Allerdings ist dabei von uns verlangt, dass wir Gott den sein lassen, der er sein will. Ein Teil von uns klammert sich an unsere vermeintlich trostlose Verlassenheit und lässt nicht zu, dass Gott uns dort anrührt, wo es uns am meisten schmerzt. Oft verstecken wir vor ihm gerade jene Stellen unseres Innern, an denen uns Schuld, Scham, Verwirrung und Ratlosigkeit drücken. So aber geben wir keine Chance, dort bei uns zu sein, wo wir uns am verlassensten fühlen.

Weihnachten ist die immer wieder neue Aufforderung und Einladung, uns nicht zu fürchten und ihn – dessen Liebe größer ist, als unser Herz und unser Geist es überhaupt fassen können – unseren Weggefährten sein zu lassen. *Wohin, 120*

Advent – es fällt mir auf, dass das Warten eine Zeit des Lernens ist. Je länger wir warten, desto mehr hören wir von dem, auf den wir warten. Je weiter die Adventswochen fortschreiten, desto mehr hören wir von der Schönheit und Herrlichkeit dessen, der kommen wird.

Die Abschnitte des Evangeliums, die in der Liturgie der Adventszeit vorgelesen werden, sprechen alle von den Ereignissen vor der Geburt Jesu und von den Menschen, die bereit sind, ihn zu empfangen. In den übrigen Lesungen häuft Jesaja Prophezeiung auf Prophezeiung, um unsere Hoffnung zu stärken und zu vertiefen, und die Gesänge, Lesungen, Kommentare und Antiphonen wett-eifern in dem Bemühen, den Empfang des Herrn, der kommen soll, vorzubereiten.

In der letzten Adventswoche ist es, als könne die Liturgie ihre Begeisterung über das Kommen des Herrn nicht länger verbergen. Jeden Abend zwischen dem 17. und 24. Dezember wird ein neues »O« gesungen: »O Wurzel Jesse, gesetzt zum Zeichen der Volker« ..., und ganz allmählich, im Warten und Willkommenheißen, in der Hoffnung und im Empfangen verschmelzen Zukunft und Gegenwart ineinander zu einem Lobgesang auf den Herrn, der sein Volk heimgesucht hat. *Stille, 190f*

All das ist von vollendeter Schönheit. Aber ist das nicht eine Vorbereitung, die nur zu einer Enttäuschung führen kann? Ich glaube nicht. Der Advent weckt keine nervöse Spannung, wie man sie kennt, wenn man auf etwas Spektakuläres wartet. Im Gegenteil, der Advent führt zu wachsender innerer Stille und Freude, die mich gewahr werden lassen, dass der, den ich erwarte, schon gekommen ist und in der Stille meines Herzens zu mir spricht.

Es ist, wie wenn eine Mutter das Kind in ihrem Schoß wachsen fühlt und am Tag der Geburt gar nicht überrascht ist, sondern voll Freude das Wesen empfängt, das sie während ihres Wartens bereits kennen gelernt hat. So kann Jesus in meinem Leben langsam und beständig geboren werden, und ich kann ihn als denjenigen aufnehmen, den ich während meines Wartens bereits kennen gelernt habe.

Diese letzte Adventswoche ist wirklich eine glückliche Woche. *Stille, 191*

Jesus ist gekommen, um mir das Ohr für Stimme zu öffnen, die sagt: »Ich bin dein Gott, ich habe dich mit eigener Hand geschaffen und liebe die Werke meiner Hände. Ich liebe dich mit einer grenzenlosen Liebe; denn ich liebe dich wie mich selbst. Lauf nicht vor mir weg. Komm zurück zu mir – nicht nur einmal oder zweimal, sondern immer wieder. Du bist mein Kind. Wie kannst du zweifeln, dass ich dich wieder in die Arme schließen, dich an die Brust drücken, dich küssen und mit meinen Händen dir durchs Haar streichen werde? Ich bin dein Gott – der Gott des Erbarmens und des Mitgefühls, der Gott der Vergebung und der Liebe, der Gott, der dich liebevoll umsorgt. Sag bitte nicht, mir läge nichts mehr an dir, ich könne dich nicht ausstehen, und es gäbe keinen Weg zurück. Das stimmt nicht. Ich möchte so sehr, dass du bei mir bist. Ich möchte so sehr, dass du eng mit mir befreundet bist. Ich kenne alle deine Gedanken. Ich höre all deine Worte. Ich weiß um all deine Taten. Und ich hab dich lieb; denn du bist schön, nach meinem Bild geschaffen, ein Ausdruck meiner innigsten Liebe. Richte dich nicht selbst. Lass meine Liebe bis in die tiefsten und verborgensten Winkel deines Herzens gelangen und dir deine Schönheit zeigen, eine Schön heit, die du aus dem Blick verloren hast. «*Nachts, 193f*

Was können wir von der Liebe Gottes sagen? Wir können sagen, dass sie bedingungslos ist, keine Vorbehalte macht. Gott kennt kein »Ich liebe dich, wenn du ...« Im Herzen Gottes gibt es keine »Wenn« und »Aber«. Seine Liebe hängt nicht davon ab, was wir sagen oder tun, wie wir aussehen oder wie intelligent wir sind, welche Erfolge wir vorzuweisen haben oder welches Ansehen wir genießen. Gottes Liebe bestand schon, bevor wir geboren wurden, und wird bestehen, wenn wir längst nicht mehr auf Erden sind. Seine Liebe währt von Ewigkeit zu Ewigkeit und ist an kein einziges zeitlich bedingtes Ereignis gebunden.

Heißt dies, dass es Gott nicht kümmert, was wir tun oder sagen? Sicher nicht! Denn was wäre seine Liebe, wenn er sich nicht um uns sorgte? Bedingungslos lieben bedeutet nicht teilnahmslos lieben. Gott verlangt danach, mit uns in Beziehung zu treten, und er will, dass auch wir ihn lieben.

Wagen wir es, ohne Furcht in eine enge Beziehung zu ihm zu treten, und vertrauen wir darauf, dass uns dabei nur Liebe, immer größere Liebe geschenkt wird! *Leben, 52*

Oft verwechseln wir bedingungslose Liebe mit bedingungsloser Zustimmung oder Billigung. Gott liebt uns ohne Vorbehalte und ohne Bedingungen, billigt aber nicht jedes menschliche Verhalten. Er bejaht nicht Treuebruch, Gewalt, Hass oder Arglist und nicht die vielen anderen Ausdrucksformen des Bösen, da sie alle der Liebe widersprechen, mit der Gott das menschliche Herz durchdringen möchte. Das Böse ist ja gerade die Abwesenheit von Gottes Liebe.

Dass Gott uns bedingungslos liebt, besagt aber, dass er uns auch dann liebt, wenn wir Böses denken oder sagen. Wie liebevolle Eltern auf die Rückkehr eines verlorenen Kindes warten, so wartet Gott auf dich und mich. Es ist für uns lebenswichtig, die Wahrheit für uns in Anspruch zu nehmen, dass Gottes Liebe zu uns niemals endet, selbst dann nicht, wenn wir ihn durch unser Tun ignoriert haben.

Diese Wahrheit sollte uns dazu drängen, zur immer bestehenden Liebe Gottes zurückzukehren.

Leben, 53

Du hast einen Schatz gefunden: den Schatz der Liebe Gottes. Du weißt jetzt zwar, wo er ist, bist aber nicht bereit, ihn vollständig in Besitz zu nehmen. So viele Bindungen hindern dich daran. Willst du deinen Schatz vollständig besitzen, musst du ihn im Acker, auf dem du ihn gefunden hast, vergraben, froh nach Hause eilen, alles verkaufen, was du hast, und dann hingehen und den Acker kaufen.

Du darfst dich wirklich freuen, dass du den Schatz gefunden hast. Doch solltest du nicht so einfältig sein zu meinen, dass du ihn schon besitzt. Nur wenn du alles andere los lässt, kann der Schatz dir vollständig gehören. Hast du den Schatz gefunden, gehst du aufs neue auf die Suche nach ihm. Das geistliche Leben ist eine lange und oft beschwerliche Suche nach dem, was du schon gefunden hast. Das Verlangen nach Gottes bedingungsloser Liebe ist die Folge davon, von dieser Liebe schon berührt worden zu sein.

Innere Stimme, 116

Weil das Finden des Schatzes nur der Anfang der Suche ist, musst du vorsichtig sein. Breitest du den Schatz vor anderen aus, ohne dass er dir vollständig gehört, könntest du dir schaden und den Schatz sogar verlieren. Eine neu gewonnene Liebe braucht einen stillen, abgeschiedenen Ort, wo sie gehütet und gepflegt werden kann. Übertriebenes Zur-Schau-Stellen tötet sie. Deshalb musst du den Schatz vergraben und dich um den Verkauf deines Besitzes bemühen, um dann den Acker zu erwerben, in dem du ihn versteckt hast.

Oft ist dies ein schmerzliches Unterfangen; denn deine Selbsteinschätzung ist eng mit dem verknüpft, was du besitzt: Erfolg, Freunde, Ansehen, Geld, Titel und so fort. Aber du weißt, dass dich nur der Schatz glücklich machen kann. Den Schatz zu finden, ohne zugleich bereit zu sein, ihn vollständig zu besitzen, macht dich ruhelos. Das ist die Ruhelosigkeit der Suche nach Gott, der Weg zur Heiligkeit. Es ist der Weg ins Reich Gottes, die Reise an den Ort, an dem du Ruhe findest.

Innere Stimme, 116f

Herr, wie schwer ist es, dein Vorgehen zu akzeptieren. Du kommst zu mir als kleines, ohnmächtiges, in der Fremde geborenes Kind. Du führst für mich in deinem eigenen Land das Leben eines Fremden. Du stirbst für mich als Verbrecher außerhalb der Stadtmauern, verstoßen von deinem eigenen Volk, verkannt von deinen Freunden und von deinem Gott verlassen.

Bei meinen Vorbereitungen für das Fest deiner Geburt möchte ich mich geliebt, angenommen und in dieser Welt zu Hause wissen, und ich versuche, das Gefühl der Entfremdung und der Vereinzelung, das mich dauernd befällt, zu überwinden. Aber jetzt frage ich mich, ob mich das tiefe Gefühl der Heimatlosigkeit dir nicht näher bringt als mein gelegentliches Gefühl von Geborgenheit. Wo kann ich deine Geburt richtig feiern: in einem trauten Heim oder in einem fremden Haus, unter lieben Freunden oder unter wildfremden Menschen, mit dem Gefühl der Behaglichkeit oder mit der Einsamkeit?

Ich brauche vor diesen Empfindungen, die den deinen am nächsten kommen, nicht wegzulaufen. Jedes Mal wenn mir so zu Mute ist, habe ich Anlass, dankbar zu sein, dich fester zu umfangen, deine Freude und deinen Frieden tiefer zu kosten.

Nachts, 120f

In dieser Weihnachtsnacht wird die Erwartung von vier Wochen erfüllt. In ihr feiern wir das Gedächtnis des tiefsten Mysteriums des Lebens: die Geburt Gottes in einer Welt, die im Sterben liegt. In dieser Nacht wird in einer von Grausamkeiten, Unfreiheit und Hass erfüllten Gesellschaft der zarte Schößling des Mitgefühls, der Freiheit und des Friedens eingepflanzt.

Dies ist der Tag, an dem ich nicht nur die Schönheit einer Nacht voller Friedensgesänge erfahren will, sondern auch die Weite des Ozeans, der sich zwischen zwei Kontinenten ausstreckt. An diesem Tag ergreifen sowohl das Kleinsein und Verwundbarkeit des Kindes als auch die unermessliche Weite der Welt meine Seele. Ich weiß, dass mein Leben ohne das Kind keinen Sinn hat; aber ich weiß auch, dass ich dem Auftrag des Kindes an mich nicht treu bin, wenn ich mich nicht immer tiefer auf die Leiden der Menschheit einlasse.

Die Nacht ist mild und still, noch hallen die sanften Glockenklänge zum mitternächtlichen Gloria in meiner Seele wider. Alles ist jetzt still, damit wir einen Augenblick lang die unglaubliche Schönheit der Nacht des Friedens, der Heiligen Nacht, genießen können.

Alles ist sehr klein und sehr groß, sehr nah beieinander und sehr weit entfernt, geradezu handgreiflich und doch sehr schwer zu fassen …

Stille, 146f

Jetzt ist wieder Weihnachten. Die Messe in der Nacht war festlich mit viel Tannengrün, roten Kerzen und weiß gekleideten Ministranten. Die Kirche war voll bis auf den letzten Platz, die Lieder gingen zu Herzen ...

Doch auf eine unerklärliche Weise wurde mir deutlich, dass Lieder, Musik, gute Gefühle, Festtafeln und viele liebe Worte noch kein Weihnachtsfest ist. Weihnachten heißt ja sagen zu etwas, das jenseits aller Gemütsregungen und Stimmungen liegt. Weihnachten heißt ja sagen zu einer Hoffnung, zu der Gott den Anstoß gegeben hat und die unabhängig ist von allem, was ich denke und fühle ...

Die Welt ist nicht heil, und heute habe ich das an meiner eigenen Traurigkeit festgestellt. Aber in eben diese gebrochene Welt hinein ist ein Kind geboren, das man Sohn des Höchsten, Friedensfürst und Heiland nennt. Ich schaue es an und bete: »Ich danke Dir, Herr, dass du ohne Rücksicht auf meine Empfindungen und Gedanken gekommen bist. Dein Herz ist größer als das meine.«

Vielleicht bringt mich ein »trockenes« Weihnachten, ein Weihnachten, bei dem es nicht viel zu empfinden und zu denken gibt, dem eigentlichen Geheimnis des »Gott-mit-uns« näher. Was er verlangt, ist reiner, nackter Glaube. *Nachts, 123f*

Weihnachtswoche

Ich muss an die Krippe denken, die Anthony unter dem Altar aufgestellt hat. Drei kleine holzgeschnitzte Figuren aus Indien: eine arme Frau, ein armer Mann und zwischen ihnen ein kleines Kind. Die Schnitzerei ist schlicht, fast primitiv: keine Augen, keine Ohren, keine Münder, nur die Konturen der Gesichter. Die Figuren sind kleiner als eine Hand – fast zu klein, als dass man darauf aufmerksam wird.

Aber dann fällt ein Lichtstrahl auf die drei Figuren und wirft große Schatten auf die Wände der Kapelle. Das besagt alles: Das Licht, das auf die winzigen Gestalten Mariens, Josefs und des Kindes fällt, projiziert sie als große Schatten der Hoffnung auf die Wände unseres Lebens und unserer Welt. Während wir die vertraute Szene betrachten, erkennen wir die ersten Andeutungen der Majestät und Herrlichkeit, die sie ankündigt … *Stille, 107*

Während ich Zeugnis ablege für das menschlichste aller menschlichen Ereignisse, erkenne ich, wie die Majestät Gottes am Horizont meiner Existenz aufgeht. Während ich von der Hingabe dieser drei Menschen erschüttert bin, ergreift mich auch schon die Ehrfurcht vor der gewaltigen Größe der Liebe Gottes, die in meiner Welt erscheint ...

Ohne den hellen Lichtstrahl, der in die Dunkelheit hinein leuchtet, kann man kaum etwas erkennen. Ich würde an diesen drei schlichten Menschen einfach vorübergehen und meinen Weg in der Dunkelheit fortsetzen. Aber durch das Licht wird alles anders ...

Dieses Licht macht alle Dinge neu und enthüllt die Größe, die in dem unscheinbaren Geschehen der Weihnacht verborgen ist. Ich bete um die Kraft, das Licht in meinem Herzen lebendig zu halten, damit ich sehen und die anderen auf die verheißungsvollen Schatten hinweisen kann, die an den Wänden unserer Welt erscheinen.

Stille, 197

Ich glaube, dass wir die immensen Bedeutungen des Geheimnisses der Menschwerdung kaum durchdacht haben. Wo ist Gott? Er ist dort, wo die Armen sind, die Behinderten, die Kleinen, die Alten, die Machtlosen, die Übersehenen. Ich bin mehr und mehr davon überzeugt, dass unsere Glaubwürdigkeit von unserer Bereitschaft abhängt, dorthin zu gehen, wo Gebrochenheit, Verlassenheit und Armut sind. Wenn die Kirche eine Zukunft hat, dann ist es eine Zukunft bei den Armen, in welcher Form auch immer ...

Es ist mir klar, dass der einzige Weg, in den vielen »Welten« fest zu bleiben, für uns darin besteht, dem kleinen, verwundbaren Kind, das in unserem Herzen und im Herzen aller Menschen wohnt, nahe zu bleiben. Oft wissen wir nicht, dass das Christkind in uns ist. Entdecken wir es, um zu wahrer Freude zu finden! *Tagebuch, 118f*

»Das Wort ist Fleisch geworden und hat unter uns gewohnt« (Johannesevangelium 1,14). Diese Worte sind für mich in den letzten Monaten mit neuem Leben erfüllt worden. Ein liebes Wort, das ein Freund mir schreibt, kann tatsächlich Fleisch werden und weite Entfernungen in Raum und Zeit überbrücken: Solch ein Wort kann Schmerzen heilen, Wunden verbinden und oftmals neues Leben schenken. Solch ein Wort kann sogar einen ins Wanken geratenen Glauben auffangen und mir zu der Erkenntnis verhelfen, dass die Fleischwerdung der göttlichen Liebe sich in liebender Verbundenheit ereignen kann, wo wir auch immer sind.

Wohin, 148f

Die eigentliche Frohbotschaft besagt, dass Gott kein ferner Gott ist, kein Gott, den man fürchten und meiden muss, kein Gott der Rache, sondern ein Gott, den unser Leid ergreift und der am Ringen der Menschen voll und ganz Anteil nimmt…

Er ist ein barmherziger Gott. Das heißt zuallererst: Er ist ein Gott, der sich dafür entschieden hat, Gott-mit-uns zu sein.

Sobald wir Gott »Gott mit uns« nennen, treten wir in eine neue, innige Beziehung zu ihm. Wenn wir ihn Immanuel nennen, bekennen wir damit den Glauben, dass er sich darauf eingelassen hat, solidarisch mit uns zu leben, unsere Freuden und unsere Leiden mit uns zu teilen, unser Schutz und Schirm zu sein und die ganze Last des Lebens mit uns zu tragen.

Der Gott-mit-uns ist ein eng mit uns verbundener Gott, ein Gott, den wir unsere Zuflucht, unsere Weisheit und unsere Heimat nennen können.

Das Geheimnis der Liebe Gottes liegt nicht darin, dass er unsere Schmerzen stillt, sondern darin, dass er sie zunächst einmal mit uns teilen will. Aus dieser göttlichen Solidarität entspringt neues Leben. Wenn das Leid der Menschen Jesus in seinem Innersten bewegt, so ist das tatsächlich eine Bewegung auf ein neues Leben hin. *Leid, 30; Weg, 85*

Gott lässt sich nicht vom menschlichen Geist erfassen. Seine Wahrheit entzieht sich menschlicher Fassungskraft, der einzige Weg, ihr näher zu kommen, besteht darin, uns ständig vor Augen zu halten, dass unser Fassungsvermögen so begrenzt ist, dass es die Wahrheit nicht »besitzen« oder »festhalten« kann. Wir können weder Gott selbst noch seine Gegenwart in der Geschichte erklären. Sobald wir Gott mit einem bestimmten Ereignis oder einer bestimmten Situation identifizieren, spielen wir Gott und entstellen die Wahrheit. Wir können nur treu zu unseren Überzeugungen stehen, dass Gott uns niemals verlassen hat und dass sein Ruf an uns inmitten der unerklärlichen Widersinnigkeiten unseres Lebens ergeht.

Ich halte es für sehr wichtig, sich dessen bewusst zu sein. Sonst lauert die heimtückische Versuchung, sich selbst und anderen einzureden, dass Gott an bestimmten Orten handelt und an anderen nicht, dass er hier oder da anwesend ist und dort oder hier nicht; niemand, kein Christ, kein Priester, kein Mönch kennt Gott auf eine ganz »spezielle« Weise. Gott ist bei weitem größer als unser Verstand und unser Herz, und er ist vollkommen frei, sich zu offenbaren, wo und wann immer er will.

Stille, 128

Lange bevor uns irgendein Mensch gesehen hat, hat uns schon Gottes Antlitz angeschaut, das von Liebe strahlt. Lange bevor uns irgend jemand weinen sah oder lachen hörte, hat uns Gott schon gehört, der ganz und gar Ohr für uns ist. Lange bevor irgendein Mensch in dieser Welt etwas zu uns sagte, hat uns schon die Stimme der ewigen Liebe angesprochen. Unsere Kostbarkeit, Einmaligkeit und Liebenswürdigkeit erhalten wir nicht von denen, die uns in der von Uhren messbaren Zeit begegnen – in unserer kurzen chronologischen Existenz, sondern von dem Einen, der uns aus immer währender Liebe auserwählt hat, aus einer Liebe, die von Ewigkeit her existiert und in Ewigkeit fortdauert.

Gottes Liebe ist eine Liebe, die jeden Menschen meint – jeden einzelnen mit seiner einmaligen Art. Aber erst, wenn wir unseren ganz persönlichen Platz in seiner Liebe eingenommen haben, können wir die Erfahrung dieser allumfassenden Liebe machen, die keinen mit dem andern vergleicht und keinen gegen den andern ausspielt, und – wir können uns geborgen fühlen, und zwar nicht nur mit Gott allein, sondern zusammen mit allen unsern Brüdern und Schwestern. *Du bist, 49.55*

Gott sagt dir: »Ich liebe dich mit unvergänglicher Liebe.« Diese Liebe bestand, bevor uns Vater und Mutter ihre Liebe schenkten, und sie wird noch sein, lange nachdem wir nicht mehr auf Erden sind. Es ist eine göttliche, unvergängliche, ewige Liebe.

Gerade weil unsere wahre Identität in dieser bedingungslosen, unbegrenzten, immer währenden Liebe tief verwurzelt ist, kann es geschehen, dass wir Opfer der Zeit werden, die uns der Uhrzeiger anzeigt. Diese ablaufende »Uhrzeit« ist die Zeit, die wir in dieser Welt kennen und die sich in Sekunden, Minuten, Stunden, Tagen, Wochen, Mo-naten und Jahren misst. Der Ablauf unserer Zeit, unsere »Uhrzeit«, die das griechische Wort »chronos« bezeichnet, kann uns verfolgen, besonders dann, wenn wir all das, was wir sind, mit der Uhr verbinden, die unablässig tickt, ob wir wach sind oder schlafen ... *Was mir, 136*

Dieses besorgte Achten auf unsere »Uhrzeit«, das ängstliche Fragen nach dem »Wie spät ist es für mich?« kommen von unten. Sie beruhen auf der Annahme, dass unsere Chronologie, unsere Dauer in der Zeit, alles ist, was uns zu leben gegeben ist. Doch von oben gesehen, aus der Perspektive Gottes, ist unsere ablaufende »Uhrzeit« eingebettet in das zeitlose Umfangensein Gottes. Von oben gesehen, sind unsere Erdenjahre nicht bloß »chronos«, sondern »kairos«: ein anderes griechisches Wort für Zeit im Sinne einer günstigen Gelegenheit, die Liebe für uns in Anspruch zu nehmen, die Gott uns von Ewigkeit zu Ewigkeit anbietet.

Damit wird unser kurzes Leben nicht mehr zu einer begrenzten Summe von Jahren, die wir festhalten möchten, sondern zu jener günstigen, rettenden Gelegenheit, die Liebe Gottes aus tiefem Herzen und tiefer Seele zu erwidern und so zu treuen Partnern der göttlichen Gemeinschaft zu werden. *Was mir, 137*

Jesus sagte zu seinen Jüngern: »Noch kurze Zeit, dann seht ihr mich nicht mehr, und wieder eine kurze Zeit, dann werdet ihr mich sehen« (Johannesevangelium 16,16).

Das Leben ist »eine kurze Zeit«, eine kleine Weile des Wartens. Es ist jedoch kein leeres, sinnloses Warten, sondern ein Warten voller Erwartung. Zu wissen, dass Gott die Verheißung, alles zu erneu-ern, wirklich voll und ganz erfüllen und uns »einen neuen Himmel und eine neue Erde« bereiten wird, macht das Warten zu einem erregenden Vorgang. Wir können die beginnende Erfüllung schon wahrnehmen. Die Natur bringt dies mit jedem neuen Frühling zum Ausdruck; die Menschen zeigen es mit jedem Lächeln; die Sonne, der Mond und die Sterne verkünden es mit ihrem Licht und Glanz; die ganze Geschichte beweist es, wenn Männer und Frauen sich inmitten von Verwüstung und Chaos erheben und Hoffnung weitergeben, die ihnen lebt, unser Kalender tut es mit jedem neuen Jahr.

Tagebuch, 263

Diese »kleine Weile« ist eine kostbare Zeit. Es ist eine Zeit der Läuterung und Heilung, eine Zeit der Vorbereitung auf den großen Übergang zum dauerhaften Haus Gottes. Was aber ist meine wichtigste Aufgabe während dieser »kleinen Weile«? ...

Ich will nicht über diese vergängliche Welt klagen, sondern das Augenmerk auf das Ewige lenken, das im Zeitlichen aufleuchtet.

Jeden Tag erfahre ich beim Mahl am Tisch des Herrn Einheit und Frieden, die unter uns wachsen. Ich erkenne darin einen Schimmer des Reiches Gottes während meiner »kleinen Weile«.

Tagebuch, 263

Ein neuer Anfang! Wir müssen lernen, jeden Tag, jede Stunde, jede Minute als einen neuen Anfang zu sehen, als einmalige Gelegenheit, alles neu zu machen. Stellen wir uns vor, wir könnten jeden Augenblick als einen Augenblick erfahren, der neues Leben in sich birgt. Stellen wir uns vor, wir könnten jeden Tag als einen Tag voller Verheißung erfahren. Stellen wir uns vor, wir würden durch das neue Jahr gehen und ständig eine Stimme hören, die uns sagt: »Ich habe ein Geschenk für dich und kann es kaum erwarten, dass du es zu sehen bekommst.« Stellen wir uns das einmal vor!

Ist es möglich, dass unser Vorstellungsvermögen uns zur Wahrheit unseres Lebens führt? Ja, ohne weiteres. Das Problem freilich ist, dass wir unserer Vergangenheit, die von Jahr zu Jahr länger wird, zu sagen erlauben: »Du kennst doch alles, du hast es ja längst erlebt, bleib realistisch! Die Zukunft wird nicht viel anders sein als die Vergangenheit war. Versuch, sie, so gut es geht, zu meistern!«

Viele schlaue Füchse flüstern uns die große Lüge ins Ohr: »Es geschieht nichts Neues unter der Sonne ..., mach dich nicht lächerlich!«

Was mir, 12

Wenn wir auf diese Füchse hören, werden sie vielleicht bald selbst beweisen, dass sie im Recht sind: Und unser neues Jahr, unser neuer Tag, unsere neue Stunde werden platt, langweilig, stumpfsinnig, ohne einen Schimmer von etwas Neuem.

Was ist dagegen zu tun? Als erstes müssen wir die Füchse dorthin schicken, wohin sie gehören: in ihre Höhlen. Dann sollten wir Herz und Sinn der Stimme öffnen, die uns in den Niederungen und auf den Höhen unseres Lebens begleitet und sagt: »Seht, die Wohnung Gottes unter den Menschen! Er wird in ihrer Mitte wohnen, und sie werden sein Volk sein; und er, Gott, wird bei ihnen sein. Der Tod wird nicht mehr sein, keine Trauer, keine Klage, keine Mühsal. Denn was früher war, ist vergangen« (Offenbarung 21,3–5.).

Wir müssen uns entscheiden, auf diese Stimme zu hören. Dann wird jede Entscheidung uns ein Stückchen weiter dafür öffnen, das neue Leben zu entdecken, das in jedem Augenblick verborgen ist und ungeduldig darauf wartet, geboren zu werden.

Was mir, 12f

Gott ist Mensch geworden, um ganz mit uns leben, leiden und sterben zu können. In Jesus haben wir einen Mitmenschen gefunden, der so vollständig eins mit uns ist, dass ihm keine einzige Schwäche, kein Schmerz und keine Versuchung fremd geblieben sind. Gerade weil Jesus Gottes Sohn und ohne jede Sünde ist, vermag er uns gebrochene Menschen so vollständig zu verstehen, dass wir sagen dürfen: Er kennt uns besser und liebt uns mehr als wir uns selbst. Niemand anderer – und sei er uns auch noch so gut gesinnt – ist je in der Lage, uns so nah zu sein, dass wir uns grenzenlos verstanden und geliebt fühlen.

Wir Menschen bleiben zu sehr auf uns selbst konzentriert, um uns für einen anderen ganz vergessen zu können. Jesus verschenkt sich dagegen ganz und gar; er behält nichts für sich und will so total bei uns sein, dass wir uns nie mehr allein fühlen.

Jesus ist der mit-fühlende Gott, der uns in unserer Gebrochenheit so nahe kommt, dass wir uns ohne Angst an ihn wenden können. Der Hebräerbrief spricht es mit unvergleichlichen, bewegenden Worten aus: »Wir haben ja (...) einen, der in allem wie wir in Versuchung geführt worden ist, aber nicht gesündigt hat. Lasst uns also voll Zuversicht hingehen zum Thron der Gnade« (4,15f). *Jesus, 52*

QUELLENVERZEICHNIS

Die Texte dieses Buches wurden entnommen aus folgenden Werken von Henri J.M. Nouwen, die im Verlag Herder erschienen sind:

Bild: Nimm sein Bild in dein Herz. Geistliche Deutung eines Gemäldes von Rembrandt. Aus d. Engl. v. Ulrich Schütz, 8. Aufl. 1999.

Du bist: Du bist der geliebte Mensch. Religiöses Leben in einer säkularen Welt. Aus d. Engl. v. Bernhardin Schellenberger, 9. Aufl. 1999.

Eintauchen: Eintauchen in die Stille. 2. Aufl. 1995.

Hier: Leben hier und jetzt. Geistliche Erfahrungen für jeden Tag, Jahreslesebuch, Aus d. Amerikan. v. Franz Johna, 3. Aufl. 1998.

Innere Stimme: Die innere Stimme der Liebe. Aus der Tiefe der Angst zu neuem Vertrauen. Aus d. Amerikan. v. Franz Johna, 5. Aufl. 1998.

Jesus: Jesus, Sinn meines Lebens. Briefe an Marc. Aus dem Niederländischen v. Liesel Sinn, 2. Aufl. 1989.

Leben: Leben hier und jetzt. Geistliche Erfahrungen für jeden Tag, Jahreslesebuch, Aus d. Amerikan. v. Franz Johna, 3. Aufl. 1998.

Leid: Das geteilte Leid. Heute christlich leben. Unter Mitarbeit von D. P. McNeill / D. Morrison. Aus dem Amerikanischen v. Radbert Kohlhaas, 1. Aufl. 1983.

Nachts: Nachts bricht der Tag an. Tagebuch eines geistlichen Lebens. Aus d. Amerikan. v. Radbert Kohlhaas, 4. Aufl. 1999.

Stille: Ich hörte auf die Stille. Sieben Monate im Trappistenkloster. Aus d. Amerikan. v. Franz Johna, 17. Aufl. 1998.

Tagebuch: Das letzte Tagebuch. Aus dem Amerikan. v. Franz Johna, 2000.

Was mir: Was mir am Herzen liegt. Meditationen. Aus d. Amerikan. v. Franz Johna, 4. Aufl. 1998.

Weg: Zeige mir den Weg. Texte für alle Tage von Aschermittwoch bis Ostern. Hrsg. v. Franz Johna, 2. Aufl. 1991.

Wohin: Wohin willst du mich führen. Notizen aus Lateinamerika. Aus d. Amerik. v. Radbert Kohlhaas, 1. Aufl. 1983.

WEITERE BÜCHER VON HENRI J.M. NOUWEN BEI HERDER

DAS LETZTE TAGEBUCH

2000, 352 Seiten, geb. mit Schutzumschlag

ISBN 3-451-26111-1

DU BIST DER GELIEBTE MENSCH

Religiös leben in einer säkularen Welt

10. Aufl. 2000, 128 Seiten, geb. mit Schutzumschlag

ISBN 3-451-22964-1

NACHTS BRICHT DER TAG AN

Tagebuch eines geistlichen Lebens

4. Aufl. 1999, 272 Seiten, Kartoniert

ISBN 3-451-21443-1

NIMM SEIN BILD IN DEIN HERZ

Geistliche Deutung eines Gemäldes

von Rembrandt

10. Aufl. 2000, 172 Seiten, geb. mit Schutzumschlag

ISBN 3-451-22404-6

LEBEN HIER UND JETZT

Jahreslesebuch

Neuausgabe 2000, ca. 400 Seiten, Halbleinen

ISBN 3-451-27366-7

WAS MIR AM HERZEN LIEGT

Meditationen

5. Aufl. 2000, 144 Seiten, geb. mit Schutzumschlag

ISBN 3-451-23607-9

ICH HÖRTE AUF DIE STILLE

Sieben Monate im Trappistenkloster

18. Aufl. 1999, 208 Seiten, Kartoniert

ISBN 3-451-18023-5

BILDER GÖTTLICHEN LEBENS

Ikonen schauen und beten

2. Aufl. 1991, 92 Seiten, Pappband

ISBN 3-451-20752-4

GEBETE AUS DER STILLE

Den Weg der Hoffnung gehen

Herderbücherei Band 1668

4. Aufl. 1998,

96 Seiten, Kartoniert

ISBN 3-451-08668-9

Die innere Stimme der Liebe

Aus der Tiefe der Angst zu neuem Vertrauen

5. Aufl. 1999, 128 Seiten, geb. mit Schutzumschlag

ISBN 3-451-26249-5

Adam und ich

Eine ungewöhnliche Freundschaft

1998, 144 Seiten, geb. mit Schutzumschlag

ISBN 3-451-26633-4

Mit offenen Händen

Unser Leben als Gebet

1996, 108 Seiten, geb. mit Schutzumschlag

ISBN 3-451-23782-2

Der Kelch unseres Lebens

Ganzheitlich Mensch sein

2. Aufl. 1998, 128 Seiten, geb. mit Schutzumschlag

ISBN 3-451-26427-7

Seelsorge, die aus dem Herzen kommt

10. Aufl. 2000, 80 Seiten, Kartoniert

ISBN 3-451-21442-3

HERDER